BEI GRIN MACHT SICH IHR WISSEN BEZAHLT

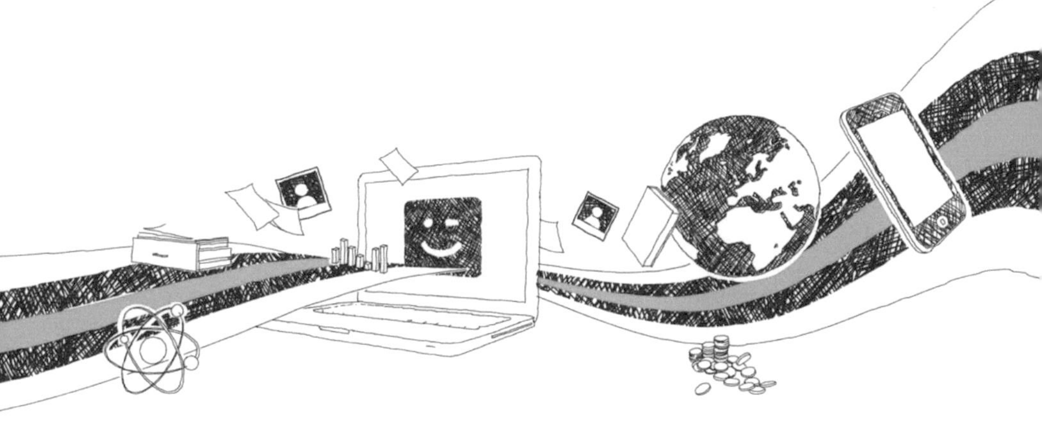

- Wir veröffentlichen Ihre Hausarbeit, Bachelor- und Masterarbeit

- Ihr eigenes eBook und Buch - weltweit in allen wichtigen Shops

- Verdienen Sie an jedem Verkauf

Jetzt bei www.GRIN.com hochladen und kostenlos publizieren

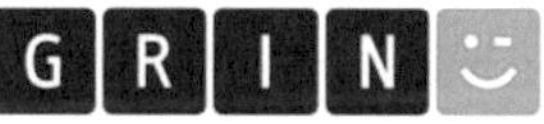

Bibliografische Information der Deutschen Nationalbibliothek:

Die Deutsche Bibliothek verzeichnet diese Publikation in der Deutschen National-
bibliografie; detaillierte bibliografische Daten sind im Internet über http://dnb.d-
nb.de/ abrufbar.

Impressum:

Copyright © 2008 GRIN Verlag, Open Publishing GmbH
Druck und Bindung: Books on Demand GmbH, Norderstedt Germany
ISBN: 978-3-640-12810-5

Dieses Buch bei GRIN:

http://www.grin.com/de/e-book/111539/kunstpaedagogische-stroemungen-und-
visuelle-kommunikation-von-der-musischen

Susanne Babucke

Kunstpädagogische Strömungen und visuelle Kommunikation. Von der musischen Erziehung zur visuellen Kommunikation

GRIN Verlag

WS 2007/2008

Positionen der Kunstpädagogik

Universität Essen

Referentin   Susanne Babucke

Gliederung

1. Definition der Vsuelle Kommunikation

Die beinhaltet die Informationsvermittlung durch optisch wahrnehmbare Zeichen oder Signale (Schrift, Bild, Gestik).

Visuelle Kommunikation ist ein Begriff der seit dem Ende der sechziger Jahre zuerst in der Kunstpädagogik für den Bereich der bildenden Kunst Verwendung fand. Der Begriff der „bildende Kunst" wurde durch die Einbeziehung der Bildwelten der Popkultur und der Werbung, die Alltagskultur sowie durch die Architektur und insbesondere die Urbanistik erweitert.
Urbanistik bezeichnet das interdisziplinäre Studium von Städten unter ökonomischen, sozialen, geographischen und kulturellen Gesichtspunkten. Zunehmend gewinnen auch ökologische Fragestellungen an Bedeutung. [1]

2. Die Frankfurter Schule

Als die Frankfurter Schule wird die neomarxistische, dialektische Kritische Theorie bezeichnet, die von Max Horkheimer und Theodor W. Adorno im Institut für Sozialforschung entwickelt wurde. Die Bezeichnung Kritische Theorie geht auf den Titel des programmatischen Aufsatzes Traditionelle und kritische Theorie aus dem Jahre 1937 zurück.
Das Institut wurde 1933 gezwungen Deutschland zu verlassen, verlegte seinen Hauptsitz zunächst nach Paris, dann in die Vereinigten Staaten, während zeitlich parallel verschiedene Zweigstellen unterhalten wurde. [2]

2.1.   Die Kritische Theorie der Frankfurter Schule

 Kern der Kritischen Theorie der Frankfurter Schule ist die ideologiekritische Auseinandersetzung mit den gesellschaftlichen und historischen Bedingungen der Theoriebildung. Mit Kritik und Erkenntnis ist zugleich der Anspruch verbunden die gesellschaftlichen Verhältnisse in ihrer Veränderbarkeit und der Notwendigkeit ihrer Veränderung begrifflich zu durchdringen. Nach der Rückkehr Adornos und Horkheimers aus der Emigration an die Goethe-Universität (1950) gewann die Frankfurter Schule für die 68er-Bewegung grosse Bedeutung und prägte Teile der deutschen akademischen Soziologie in Richtung der Kritischen Theorie. Wichtige prägende Vertreter dieser Theorie waren Theodor W. Adorno, Herbert Marcuse, Erich Fromm, Leo Löwenthal, Franz Neumann, Otto Kirchheimer und Friedrich Pollock. sowie Walter Benjamin.[3]

---

[1] Meyers Lexikon
[2] Wikipedia: https://de.wikipedia.org/wiki/Frankfurter_Schule
[3] Wikipedia: https://de.wikipedia.org/wiki/Frankfurter_Schule

3.   Gesellschaftspoltische Einordnung der visuellen Kommunikation

3.1   Die 68er Bewegung

Unter der 68er-Bewegung werden verschiedene, meist linksgerichtete Studenten- und Bürgerrechtsbewegungen zusammengefasst, die mehr oder weniger zeitlich parallel Ende der 1960er-Jahre stattgefunden haben. Der Name bezieht sich auf das Jahr 1968, in dem einige der von diesen Bewegungen thematisierten Konflikte eskalierten, insbesondere in den USA in den Antikriegsdemonstrationen und den Folgen der Ermordung Martin Luther Kings, in Europa in diversen außerordentlichen zivilen Auseinandersetzungen.
Diesen diversen Bewegungen gemeinsam waren u. a. der Protest gegen den laufenden Vietnamkrieg (Friedensbewegung), der Kampf gegen Autorität (insbesondere in Bildung und Erziehung, Jugendbewegung) und für die Gleichstellung mancher Minderheiten sowie der Einsatz für mehr sexuelle Freiheiten (Frauenbewegung, Sexuelle Revolution). Besonders heraus zu heben ist der internationale Charakter der verschiedenen Bewegungen.[1]

In der BRD ging aus der Studentenbewegung die bedeutendste ausserparlamenterische   Opposition (APO) hervor.
Unterstützung und theoretische Orientierung fand die APO teilweise auch durch Intellektuelle und Philosophen wie etwa Ernst Bloch, Theodor W. Adorno, Herbert Marcuse, den Vertreters des französischen Existenzialismus Jean Paul Sartre und andere (vgl. Frankfurter Schule und Kritische Theorie).

Der Radikalenerlass (auch Extremistenbeschluss oder offiziell „Grundsätze zur Frage der verfassungsfeindlichen Kräfte im öffentlichen Dienst") war ein Beschluss der Regierungschefs der Bundesländer und Bundeskanzler Willy Brandt vom 28. Januar 1972 auf Vorschlag der Innenministerkonferenz, wonach die Anstellung im Öffentlichen Dienst abgelehnt werden oder die Entlassung aus ihm erfolgen konnte, wenn Zweifel am Eintreten des Betroffenen für die Freiheitliche demokratische Grundordnung bestehen, auch wenn er sich weder strafbar gemacht hat noch einer verbotenen Partei (angehört. Da davon Betroffene ihren Beruf vielfach nur im Öffentlichen Dienst ausüben konntenn, bezeichneten Gegner des Radikalenerlasses diesen oft als „Berufsverbot". In der Anfangszeit des Radikalenerlasses erfolgte eine Regelanfrage beim Bundesamt für Verfassungsschutz, wenn jemand sich für eine Stelle im öffentlichen Dienst bewarb. Diese Maßnahme wurde aber nach heftigen Protesten im Laufe der 70er und 80er Jahre eingestellt. Als letztes Bundesland stellte der Freistaat Bayern 1991 die Regelanfrage ein. [2]

---

[1] Ingrid Gilcher-Holtey: *Die 68er Bewegung. Deutschland - Westeuropa - USA.* Verlag C.H. Beck (Beck'sche Reihe), Taschenbuch, 3. Auflage 2001
[2] Die 68er-Bewegung, Dossier der Bundeszentrale für politische Bildung

4.   Kunstpädagogische Einordnung

   4.1   Historische Betrachtung: Von der Musischen Erziehung bis zur
          Visuellen Kommunikation

Der Kunstunterricht hat sich seit den fünfziger Jahren von der Musischen Erziehung
über die Visuelle Kommunikation bis hin zur Ästhetischen Erziehung entwickelt.
In der Nachkriegszeit und noch bis zum Ende der 60er Jahre besann sich der
Kunstunterricht angesichts der Schrecken des Krieges auf die humanen Werte.[1] In
diesem Sinne diente die „Musische Erziehung"als leitendes Konzept des
Kunstunterrichts.[2] Musische Erziehung zielte darauf, eine Lebenshilfe zur Überwindung
der als Krankheiten betrachteten typischen Erscheinungen der technisierten Welt zu
bieten. Sie wollte „Raum für Besinnung, Muße, Pflege der schöpferischen Kräfte und
Zeit zur Reife schaffen"[3] wobei sie sich in ihrer kulturkritischen Haltung gegen
Intellektualismus und Rationalismus, gegen die „Verkopfung" der Schule, gestützt
durch die These, dass die schöpferischen Fähigkeiten dem Unbewussten entspringen,
wendete. Irrationale, emotionale und metaphysische Aspekte spielten hierbei eine
wesentliche Rolle.
Die Lehrer hatten die Aufgabe, das Kind vor Fremdeinflüssen zu bewahren
und es zu echter, unverfälschter Eigentätigkeit anzuregen.

5.   Inhalte und Ziele der visuellen Kommunikation

Davon ausgehend, dass Alltagserfahrungen durch visuelle Informationen geprägt, die
zum grössten Teil durch die optischen Massenmedien/elektronischen Medien vermittelt
werden, ist den technischen Bilder eine grosse Bedeutung für das
Wirklichkeitsverständnis und die Orientierung in der Lebenswelt zu zuschreiben. Die
Bildende Kunst wird ebenfalls durch gesellschaftliche und technische Entwicklungen
beeinflusst.
„Wenn der Kunstunterricht weit gehend einer Musischen Erziehung dient, welche die
Medien ablehnt[4], dann können die Schüler in einer zunehmend visuell und
medienorientierten Kommunikationswelt nicht kompetent mit Bildern umgehen."

---

[1] (vgl. Heinig 1976, S. 26)
[2] (vgl. Schütz 1973, S. 26).
[3] (Seidenfaden 1958, S. 83; zit. nach Schütz 1973, S. 26)
[4] vgl. Hefele / Seitz 1978, S. 13

Im Anschluss an diese Kritik der Musischen Erziehung wurde Ende der sechziger bis Anfang der siebziger Jahre über den Kunstunterricht im sozialen System reflektiert, wobei Massenmedien, Alltagskultur und Trivialobjekte als Unterrichtsgegenstände neu entdeckt wurden.[1] Der Kunstunterricht verlagerte dadurch seinen Schwerpunkt vom musischen Kunstunterricht zur Visuellen Kommunikation, die sich auf die Verarbeitung der durch visuelle Medien vermittelten Umweltwirklichkeit bezieht. So entstand Ende der 60er Jahre auf der Grundlage des gesellschafts- und kulturkritischen Ansatzes der „Frankfurter Schule" das Konzept der „Visuelle(n) Kommunikation",[2] deren ideologiekritischer und didaktischer Ansatz die tradierte Kunstpädagogik zur Auseinandersetzung zwang.

Die Verfechter der Visuellen Kommunikation (Hermann K. Ehmer, Hans Dieter Junker, Heino R. Möller, der Frankfurter „Adhoc-Gruppe Visuelle Kommunikation", Helmut Hartwig u. a.) lehnten den bürgerlichen Kunstbegriff ab, nach dem die Kunst ihre Legitimation aus sich selbst beziehe und der ihre ökonomischen und gesellschaftlichen Bedingungen leugne. Der Warencharakter der Kunst und die Möglichkeiten der Manipulation durch die Massenmedien rückten mit dem neuen Begriff in den Vordergrund. Zwischen den Produkten der etablierten Kunst und denen der so genannten "Kulturindustrie", d.h. der Massenmedien, wurde in der Ideologiekritik der Visuellen Kommunikation nicht qualitativ unterschieden, da beide Bereiche als repressive Instrumente der Legitimation von Herrschaft galten.

Kunstunterricht sollte die Aufgabe haben, die visuellen Phänomene unserer Umwelt zu erfassen, ihre Strukturen und soziale Funktionen zu analysieren und die Fähigkeit zu kommunikativem Handeln zu entwickeln. Die allgemeine Zielsetzung ist laut Heino Möller „...die Befähigung zu kritischem Medienkonsum und emanzipatorischem Mediengebrauch"[3]. Und „Das Konzept der Visuellen Kommunikation kann daher als Grundlage des Kunstunterrichts einen entscheidenden Beitrag zur Auseinandersetzung mit der visuellen Welt bzw. zur visuellen Alphabetisierung und zum besseren Verständnis unserer Kommunikationskultur leisten."[4] (Zitat K. H. Ehmer, Vorwort)

Das Konzept der Visuellen Kommunikation stellt Kunst vorwiegend in den Rahmen der gesamtgesellschaftlichen Kommunikation[5]). Da die Kunst nur ein Teil der visuellen Welt ist,[6] wird der inhaltliche Schwerpunkt der Kunst auf die visuelle Umwelt und die Medien verlagert. Heino Möller, ein Vertreter des Konzeptes der Visuellen Kommunikation, beschreibt, dass der Unterrichtsgegenstand der Visuellen Kommunikation visuelle Medien und visuelle Informationen ohne Rücksicht auf deren mögliche künstlerische Gestaltung sein sollten.[7]

---

[1] vgl. Otto 1990, S. 253; vgl. Wienecke 1996, S. 95

[2] Kattenstroth 1982, S. 36

[3] zit. nach v. Criegern 1982, S. 37, Möller 1971, S. 23

[4] Hermann K. Ehmer (Hg.): *Visuelle Kommunikation: Beiträge zur Kritik der Bewusstseinsindustrie*, DuMont Schauberg, Köln 1971

[5] vgl. Bauer 1979, S. 113

[6] Hefele / Seitz 1978, S. 13

[7] Heino Möller 1971, S. 23)

5.1. Auseinandersetzung mit den Aufsätze zur Kritik der Bewusstseinsindustrie

In der Auseinandersetzung mit den Aufsätzen möchte ich einige, für mein Referat wichtige, Zitate hervorheben, die meine Einordnung in der Schlussbetrachtungen stützen.

Hermann K. Ehmer schreibt in seiner Einleitung : „Vertreter dieses Unterrichtsfaches selbst sind der Überzeugung, dass didaktische Konzeptionen wie ‚Musische Erziehung' oder ‚Kunstunterricht' – und damit Kunsterziehung überhaupt – falsch sind oder zumindest nicht mehr ausreichen. Zum einen, weil die Kunst im kapitalistischen Verwertungsprozess, d. h. als Produkt der Kultur- und Bewusstseinsindustrie, in sich höchst fragwürdig geworden ist, zum anderen, weil die gegenwärtige medienorientierte kulturelle Wirklichkeit in der Vielfalt ihres optischen Angebots die ausschliessliche oder doch vorherrschende Vermittlung eines vergleichsweise kleinen Teilbereichs – der bildenden Kunst nämlich – nicht mehr berechtigt erscheinen lässt. – Die quantitative Dominanz der optischen Massenmedien wie Fotografie, Film, Fernsehen, Illustrierte, Werbung, Comics usw. in ihrem kaum absehbaren Ausmass an Wirkung erfordert eine vordringliche Auseinandersetzung – eine Auseinandersetzung, die sich notwendig als kritische verstehen muss." [1]

Heino R. Möller hält in seinem Beitrag „Kunstunterricht und Visuelle Kommunikation – Sieben Arbeitsthesen zur Konzeption eines neuen Unterrichtsfaches" in Ehmers Buch „Visuelle Kommunikation" fest:

„Nur in der didaktischen Orientierung auf solche Kommunikationsbereiche [wie Fotografie, Werbung, Illustrierte, Film, Fernsehen und Comics, d. Verf.] kann ein auf visuelle Phänomene bezogenes Fach einen entscheidenden Beitrag leisten zur Orientierung in einer Welt, in der wirksame Kommunikation Existenzbedingung ist, in der zum anderen ein weit verreiteter, visueller Analphabetismus' herrscht."

[...]„Entscheidende Aufgaben des Unterrichts sind Analysen und Interpretationen der optischen Informationsträger, Auswertung der Bildsprache und Metasprache der Bilder und damit das Durchsichtigmachen von Funktionen und Wirkungsmechanismen der optischen Informationsträger." [...]

„Im Gesamtbereich ‚visueller Kommunikation' ist der Bereich ‚Bildende Kunst' integrierter Sachbereich. In der unterrichtlichen Hinwendung an diesen geht es darum, Sinn, Funktion und gesellschaftliche Relevanz des Phänomens Kunst in der Geschichte und besonders in der Gegenwart durch exemplarische Unterrichtsmodelle aufzuzeigen...."[2]

---

[1] Hermann K. Ehmer (Hg.): Visuelle Kommunikation: Beiträge zur Kritik der Bewusstseinsindustrie, DuMont Schauberg, Köln 1971

[2] vgl. Hermann K. Ehmer (Hg.): Visuelle Kommunikation, S. ab S. 59 „Kunst als Ideologie

5.2. Thesen der Adhoc-Gruppe

Die gesellschaftliche und politische Begründung des Faches versuchte die Frankfurter Studentengruppe „Adhoc" mit acht Thesen zu untermauern. Sie nahm dabei einen radikalen Standpunkt ein, der bis zur kollektiven und organisierten Unterwanderung der Institution Schule ging (These 8) und zwangsläufig zu heftiger Kritik bis zur Ablehnung des Konzeptes „Visuelle Kommunikation" führte.

Adhoc-Gruppe Visuelle Kommunikation (Seminar IKAe Frankfurt)

Visuelle Kommunikation – Zur gesellschaftlichen Begründung eines neuen Unterrichtsfaches

These1
Die theoretische Begründung derzeitiger Kunsterziehung ist gekennzeichnet durch die vage Rezeption bürgerlich-idealistischer Motive, von deren Stellung innerhalb konsistenter Theorien abstrahiert wurde.

These 2
Als Inhalt eines neuen Unterrichtsfaches meint Visuelle Kommunikation die inhaltliche Bestimmung der herrschenden Kommunikation. Die herrschende Kommunikation aber ist die Kommunikation der herrschenden Klasse.

These 3
Kommunikation ist begreifbar nur in der materialistischen Genese ihrer klassenspezifischen Funktion. Wird davon abstrahiert, dann tritt an die Stelle der gesellschaftlichen Bestimmung von Kommunikation als Herrschaftsinstrument die ontologische Verklärung der einzelnen Medien.

These 4
Das wahre Wesen der Kommunikation im organisierten Kapitalismus ist ihr kumulativer Effekt: seine Funktion ist es, eine verbindliche Definition von sozialer Realität zu erzwingen, die Herrschaft legitimiert.

These 5
Kommunikation ist abhängig von der sozialen Schicht, innerhalb derer kommuniziert wird. In der Kommunikation der unterprivilegierten Schichten schlagen sich unmittelbar die Repressionen nieder, denen sie gesellschaftlich ausgesetzt sind.

These 6
Ein Fach, das den gesellschaftlichen Dimensionen von Kommunikation Rechnung trägt, bedarf einer qualitativen veränderten Ausbildung seiner Lehrer. Diese ist bestimmbar nur als Dialektik von politischer Praxis und gesellschaftskritischer Arbeit in der Institution Schule.

These 7
Der Kunstunterricht muss in seiner bisherigen Form abgeschafft werden. An seine Stelle tritt
nicht ein technokratisch reformiertes Unterrichtsfach, sondern ein gesellschaftskritisches Fach Visuelle Kommunikation, das sich zu legitimieren hat an seinem Beitrag für gesamtgesellschaftliche Veränderungen.

These 8

Für eine Veränderung der Klasseninstitution Schule bietet sich als kurzfristige Strategie
kollektiven und organisierten Unterwanderung der Schule an.[1]

6. Exemplarische Analyse einer Werbung

6.1. Der Begriff der Semiotik

Um ihre Thesen wissenschaftlich transparent zu machen und zu untermauern setzten
sich verschiedene Autoren mit der Analyse der Massenmedien und der bildenden Kunst
in Bezugnahme auf die Lehre der Semiotik auseinander.

Semiotik (griechisch .....) Ein semiotischer Vorgang in sprachwissenschaftlicher
Hinsicht liegt vor, wenn eine codierte Nachricht von einem Sender zu einem Empfänger
gesendet wird und diese Nachricht vom Empfänger decodiert, also entschlüsselt
werden kann. Diese Daten oder Nachrichten werden durch den Empfänger klassifiziert
und interpretiert. Durch diesen Prozess ist der Empfänger in der Lage, in Interaktion mit
dem Sender zu treten.
Das in einem bestimmten Code, beispielsweise Sprache, geschriebene Zeichen
beschreibt sein Objekt und wird durch den Übersetzer interpretiert. Die Semiotik wird
üblicherweise in die drei überlappenden Teilbereiche Syntax, Semantik und Pragmatik
untergliedert, wobei diese Bereiche durch ihre Beziehungen zwischen Zeichen, der
Zeichenbedeutung und den Benutzern der Zeichen in einer bestimmten Situation
definiert werden:[2] In der Semiotik wird der Begriff Code für
Kommunikationskonventionen verwendet.
Es sind Regeln und Beschränkungen, ausgesprochen oder unausgesprochen, die die
Bedeutung und Interpretation der im Text verwendeten Zeichen beeinflussen. Aufgabe
der Semiotiker ist es u. A., diese zu identifizieren und ihre Entwicklung
nachzuvollziehen.

---

[1] K.H. Ehmer 1971, S. 367 ff.

[2] vgl. wikipedia: https://de.wikipedia.org/wiki/Semiotik

6.2. Der Begriff der Hermeneutik

Abgegrenzt wurde die Lehre der Semiotik als (formale) Sinnprozesslehre von dem
deutschen Sozialphilosoph Johannes Heinrichs durch den Aspekt der inhaltlichen
Hermeneutik; diese befasst sich mit der Gehalt-Seite. Das heisst wann und wie einem
Zeichen die ästhetische Funktion beigelegt wird ist zwar auch vom rezipierenden
Subjekt abhängig, wird aber, allgemein gesehen, von der ästhetischen Norm bestimmt,
die in einer Gesellschaft im Moment der Zeichenrezeption herrscht.[1]

6.3 Der Mythos als sekundäres semiologisches System

In den folgenden Ausführung zur Interpretation von Werbung bezieht sich Hermann
Ehmer vor allem auf Roland Barthes.
 Ein „semiologisches System" besteht für Roland Barthes .... „aus drei verschiedenen
Termini: dem Bedeutenden (dem Signifikanten ...), dem Bedeuteten (dem Signifikat) und
dem Zeichen, „das die assoziative Gesamtheit der ersten beiden Termini ist."[2]

Barthes erläutert diese Dreistelligkeit am Beispiel der Rose: „Man denke an einen
Rosenstrauß: ich lasse ihn meine Leidenschaft bedeuten. Gibt es hier nicht doch nur
ein Bedeutendes und ein Bedeutetes, die Rose und meine Leidenschaft? Nicht einmal
das, in Wahrheit gibt es hier nur die ‚verleidenschaftlichten' Rosen. Aber im Bereich der
Analyse gibt es sehr wohl drei Begriffe, denn diese mit Leidenschaft besetzten Rosen
lassen sich durchaus und zu Recht in Rosen und Leidenschaft zerlegen. Die einen
ebenso wie die andere existierten, bevor sie sich verbanden und dieses dritte Objekt,
das Zeichen, bildeten. Sowenig ich im Bereich des Erlebens die Rosen von der
Botschaft trennen kann, die sie tragen, so wenig kann ich im Bereich der Analyse die
Rosen als Bedeutende den Rosen als Zeichen gleichsetzen: das Bedeutende ist leer,
das Zeichen ist erfüllt, es ist ein Sinn."
Der Mythos besteht aus einer Verkettung von semiologischen Systemen. Ein einfaches
System bildet analytisch betrachtet aus dem Bedeutenden und das Bedeutete das
Zeichen, wobei das Zeichen als assoziatives Ganzes sich ergibt. Der Mythos beinhaltet
bereits das erste Zeichen eines semiologischen Systems, nur fungiert es hier als
Bedeutendes im zweiten System.

---

[1] wikipedia: https://de.wikipedia.org/wiki/Hermeneutik

[2] Barthes, Roland: Elemente der Semiologie. Frankfurt am Main 1983.

7. Exemplarische Analyse einer Dornkaat -Werbung

Die Aufsätze in Hermann Ehmers Buch beschäftigen sich mit den Abbildungen in
Schulbüchern, mit der bildenden Kunst, mit dem Genre des Western, mit der
Jugendzeitschrift „Bravo", mit einem Film, Comikauszügen und mit Photograpien **von**
Bernd und Hilla Becher
Zur Metasprache der Werbung-Analyse einer Doornkaat-Reklame schreibt der Autor:
„...es wird der Versuch unternommen ein Bild aus der Werbung zu betrachtet, zu
analysieren und zu interpretieren, die bisher im Kunstunterricht keine Chance gehabt
hätte, ernst genommen zu werden...." [1]
Das Bild wird der Gegenstand einer Interpretationsmethode; Ehmer bezieht sich auf die
vorab vorgestellte Semiologie (die allgeine Theorie der sprachlichen und
nichtsprachlichen Zeichensysteme. Synonym Semiotik!!) und benennt Roland Barthes
als inspirierende Quelle für seinen Interpretationsversuch.
Im folgenden werde ich stichwortartige die Interpretation darstellen:
Beschreibung der Reklame – Die „ buchstäbliche„ Nachricht
Alte graue Bretterwand
Ensemble aus Bier- und Schnapsgläsern (soeben frisch überschäumend gefüllt–
Zinndeckel) aus der Mitte herausragend die grüne Doornkaatflasche (geöffnet,
angebrochen – weniger als in den durchsichtigen, „klaren" Gläsern eingeschenkt ist
Zum Stilleben gruppiert, axialsymmetrischen Anordnung mit Untersicht, Farbfotografie
von höchster Brillianz.
Auf dem Flaschetikett wird der Blick auf den „feist-fröhlichen, in impressionistischer
Manier dargestellten Kopf" frei.
Beschriftung „Doornkaat" zentral, Webetext in verschiedenen Schrifttypen- und
Grössen in den Farben Schwarz, Weiss, Rot !
Die „versteckten" (codierten) Nachrichten
Das Wort Doornkaat = kommt am häufigsten vor (5X), ist das Signifikat (Bedeutete),
Firma wird als Konnotation (bezeichnet die Nebenbedeutung –Semantik- eines Wortes)
4 weitere Signifikate: Farbe, Schrift, die Wortbildung und die Kumulation des Zeichens
(Doornkaat)
Konotation hierbei: Rot als Signalfarbe, Kursivschrift quasi Handschrift = persönlich, for
you-Pathos „alle Reklamen sorgen sich um DICH, kümmern sich um DICH, entlasten
Dich" (hier noch relativ dezent)
Dialekt/Etymologie (Herkunft und Geschichte eines Wortes wird erkundet) des Wortes:
DK bedeutet „die Kate, die Hütte, die hinter der Weissdornhecke liegt". Ausnutzung des
poetischen Charakters, herb-biedere verlässliche Häuslerwelt= zwar karg, aber ggf. des
schlechte Konsumtengewissen beruhigend, somit die Verleihung eines soliden Zuges.
Phonetische Schreibweise: zwei o, zwei a = Behäbigkeit, Gemütlichkeit (dem Genuss
nur zuträglich)
Weiterer Inhalt: das Nationale (Wein aus Italien, Käse aus Frankreich etc.). Hier nicht
nur das Deutsche, sondern „in gewisser Form die archaische Ausformung: das
Niederdeutsche. Nationale Attitüde ist die Konnotation der Ideologie.

---

[1] Ehmer, S. 162

Die Wiederholung des Wortes (in Variationen) einerseits als didaktisches Prinzip (vgl. Lernpsychologie), andererseits eine bewährte Methode jeder Propaganda!
„Die Weise der Wiederholung gewöhnt den Beschauer daran, auf das Zeichen „Doornkaat" selbst im Schemenhaften zu reagieren. Im übertragenen Sinn heißt das: es stimmt noch im Zustand der Unüberprübarkeit. An dieser Stelle .... ist das Absinken in den Mythos vorbereitet." (S. 166)
Elliptische Satzkonstruktion (nicht ausformulierte Satzformen, syntaktisch unvollständig ausgesparte Elemente lassen sich im Kontext der ausgesparten Elemete erschliessen, umgangssprachlich): „Deutschlands meistgetrunkener Klarer" = zunächst sachliche Information
Metaebene: Deutschland = Nationalgetränk und auch Nationalbesitz
meistgetrunkener = quantitative Aussage, die zugleich höchste   Qualität impliziert, das Besondere
über 160 Jahre in Familienbesitz = alt als synonym für „bewährt und gut" = Tradition
Doornkaat aus Kornsaat seit 1806 = poetische Floskel, Konsument hat Recht auf Kultur und nimmt nur „Reines, Gutes" zu sich = Entlastungsfunktion (.. ist gar kein Alkohol..),der Verbraucher bekommt keine Information zur Herstellungsart, Güte und Geschmack
Die codierte ikonische (symbolische) Nachricht
Bedeutung der Abbildung
„Für Dich" = eben erst bereitgestellt, Frische, Überfluß (viele Gläser) aus einer nicht versiegenden Quelle (die Flasche ist fast noch voll), das metaphorisch „Überschäumende" Bier, in der Abgestimmtheit/dem Emsemble der Getränke erleben wir das „Kulinarische", die altdeutsche Form des Bierseidels als redundante Mitteilung, das Naturnahe und Deutsche Trinkkultur (Ideologie, affirmative Wirkung).
Stilleben = Konnotation Bildungswissen, traditionell ästhetischer Code in der Komposition (Axialsymmetrie, Zentralperspektive, Drängen zum Mittelpunkt, kontrastierende Farben (leuchtend bunt gegen dezentes Grau), Kontrastverhältnis (altes Holz gegen klares Glas, Stumpfheit gegen Transparenz), Realistik bis hin zur ästhetischen Formel des trompe lòeil (Kondenstropfen scheinen abwischbar) verbindet sich mit
Fazit: Fotografie lügt nicht Axialsymetrie, zugrunde liegende Sehgesetzte, Tonalität der Farbe, das gesamte Harmonieprinzip, keinerlei Innovation, sondern stabilisierend
Werbung funktioniert hier eindeutig in der Erfüllung von ästhetischen Erwartungen, um jegliche „Identitätskrise des Spießers" zu vermeiden (Bloch-Zitat). Für den erwarteten Konsumenten gemacht.
Schließlich: In der gesamten optischen Präsentation findet sich der barocke Formbestand (Anordnung der Gläser in ihrer Fluchtung, der Mittelpunkt – Altar, Axialsymetrie mit Fluchtung der Säulen, in den „Himmel", Untersicht) eines Sakralraumes. Abbildung des Menschen (Gestus des Anpreisens, der „wahre Jakob" im Habitus des gesund-soliden Geschäftsmann, der ein Freund ist und weiss, was gut ist.
„In der Konfrontation einer religiösen (..) Struktur mit einem Strukturphänomen der Werbung bzw. in der Identifikation zeigt sich, dass formale Systeme austauschbar und nicht Privileg des einen oder anderen „Inhalts" sind. Für die Kunstwissenschaft

„In der Konfrontation einer religiösen (..) Struktur mit einem Strukturphänomen der Werbung bzw. in der Identifikation zeigt sich, dass formale Systeme austauschbar und nicht Privileg des einen oder anderen „Inhalts" sind. Für die Kunstwissenschaft bedeutet das, dass sich die für stringent erachteten Bezogenheiten von Form und Inhalt aufhebt."[1]

---

[1] entnommen Kapitel „Zur Metasprache der Werbung"

LITERATUR:

- Barthes, Roland: Elemente der Semiologie. Frankfurt am Main 1983.
- Barthes, Roland: Das Reich der Zeichen. Frankfurt am Main 1981
- Barthes, Roland Mythen des Alltags. Frankfurt/M. 2003 (erstmals 1964), Suhrkamp
- Claußen, Berhard [Hrsg.] Politisches Lernen durch Visuelle Kommunikation. Texte zur Grundlegung, Konkretisierung und Kritik. Otto Maier Verlag. Ravensburg 1975
- Die 68er-Bewegung, Dossier der Bundeszentrale für politische BildungDietrich Grünewald, Ingelore Sengstmann: Visuelle Kommunikation in der Schule - Zur Didaktik eines neuen Unterrichtsfaches, Pro Schule Verlag, Düsseldorf, 1973
- Ehmer, Hermann K. (Hg.): Visuelle Kommunikation: Beiträge zur Kritik der
- Dietrich Grünewald, Ingelore Sengstmann: Visuelle Kommunikation in der Schule Didaktik eines neuen Unterrichtsfaches, Pro Schule Verlag, Düsseldorf, 1973
- Gilcher-Holtey: Ingrid Die 68er Bewegung. Deutschland - Westeuropa - USA. Verlag C.H. Beck (Beck'sche Reihe), Taschenbuch, 3. Auflage 2001
- Knieper, Thomas / Marion G. Müller (Hg.) (2001): Kommunikation visuell: Das Bild als Forschungsgegenstand - Grundlagen und Perspektiven. Köln: Herbert von Halem Verlag.
- Otto, Gunther: Kunst als Prozeß im Unterricht. GeorgWestermann Verlag, Braunschweig 1964, 1972
- Otto, Gunther: Didaktik der Ästhetische Eruiehung. Ansätze – Materialien – Verfahren. Georg Westermann Verlag, Braunschweig 1974
- Seidenfaden, Fritz: Die musische Erziehung und ihre geschichtliche Quellen und Voraussetzungen. Verlag A. Henn, Ratingen 1962
- Schelske, Andreas (1997) Die kulturelle Bedeutung von Bildern: Soziologische und semiotische Überlegungen zur visuellen Kommunikation. Wiesbaden: Deutscher Universitäts-Verlag.
- Schütz, Helmut Georg: Didaktische Ästhetik. UTB 455. Reinhardt, München 1975
- Schütz, Helmut Georg:Kunstpädagogische Theorie. UTB 278. Reinhardt, München 1973, 2. verb. Aufl. 1975